FULL SCORE

WSL-18-022
＜吹奏楽セレクション楽譜＞

# BRAND NEW DAY

Adam Mark Gubman　作曲
郷間幹男　編曲

## 楽器編成表

| 木管楽器 | 金管・弦楽器 | 打楽器・その他 |
|---|---|---|
| Piccolo | B♭ Trumpet 1 | Drums |
| Flutes 1 (& *2) | B♭ Trumpet 2 | Timpani |
| *Oboe | *B♭ Trumpet 3 | Percussion 1 |
| *Bassoon | F Horns 1 (& *2) | …Sus.Cymbal |
| *E♭ Clarinet | F Horns 3 (& *4) | Percussion 2 |
| B♭ Clarinet 1 | Trombone 1 | …Tambourine,Wind Chime |
| B♭ Clarinet 2 | Trombone 2 | Percussion 3 |
| *B♭ Clarinet 3 | *Trombone 3 | …Glockenspiel,Xylophone |
| *Alto Clarinet | Euphonium | |
| Bass Clarinet | Tuba | |
| Alto Saxophone 1 | Electric Bass | Full Score |
| *Alto Saxophone 2 | (String Bass) ※パート譜のみ | |
| Tenor Saxophone | | |
| Baritone Saxophone | | |

＊イタリック表記の楽譜はオプション

# BRAND NEW DAY

◆曲目解説◆

　2018年4月に開園35周年を迎えた東京ディズニーリゾートのテーマソングとして発表された楽曲です。東京ディズニーリゾート35周年を祝うイベントのテーマは「Happiest Celebration！」。"Happiest"な体験にあふれ、ディズニーの仲間やゲスト、キャストの笑顔がはじける史上最大の祭典です。そんなイベントにぴったりな、聴いているだけで幸せな気持ちになれる元気いっぱいの楽曲『Brand New Day』は、ビートを効かせたノリノリのサウンド感で、吹奏楽で演奏するのにぴったり！演奏会のオープニングや、アンコールピースとしても活躍しそうな一曲です。

◆郷間幹男　プロフィール◆

　中学よりトロンボーンを始め、大学在学中に「YAMAHA T・M・F」全国大会優勝・グランプリ受賞。
　1997年、ファンハウス（現ソニー・ミュージックレーベルズ）よりサックス・プレイヤーとしてメジャーデビュー。デビューシングル『GIVE YOU』は、フジTV系「平成教育委員会」エンディングテーマ、サークルK CMテーマ曲になり、オリコンチャートや、全国各地のFMチャート上位を独占。その他にも日本コカ・コーラ社のオリンピック・タイアップ曲や、フジTV系「発掘あるある大辞典II」などのBGMを演奏。
　芸能活動を続けながらも吹奏楽指導や作・編曲など、吹奏楽活動も積極的に続け、中でもブラス・アレンジにはかなりの定評がある。
　これまでの経験を活かし株式会社ウィンズスコアを設立、代表取締役社長に就任。現在、社長業の傍ら全国の吹奏楽トップバンドへの編曲や指導なども行っており、その実力からコンクール、アンサンブルコンテストの審査員も務める。
　主な作品に、『コンサートマーチ「虹色の未来へ」』（2018年度全日本吹奏楽コンクール課題曲）等がある。

BRAND NEW DAY - 7

BRAND NEW DAY - 12

## ご注文について

ウィンズスコアの商品は全国の楽器店、ならびに書店にてお求めになれますが、店頭でのご購入が困難な場合、当社PC&モバイルサイト・FAX・電話からのご注文で、直接ご購入が可能です。

◎当社PCサイトでのご注文方法

**http://www.winds-score.com**
上記のURLへアクセスし、WEBショップにてご注文ください。

◎FAXでのご注文方法

**FAX．03-6809-0594**
24時間、ご注文を承ります。当社サイトよりFAXご注文用紙をダウンロードし、印刷、ご記入の上ご送信ください。

◎電話でのご注文方法

**TEL．0120-713-771**
営業時間内にお電話いただければ、電話にてご注文を承ります。

◎モバイルサイトでのご注文方法
右のQRコードを読み取ってアクセスいただくか、URLを直接ご入力ください。

※この出版物の全部または一部を権利者に無断で複製(コピー)することは、著作権の侵害にあたり、著作権法により罰せられます。

※造本には十分注意しておりますが、万一落丁乱丁などの不良品がありましたらお取替え致します。また、ご意見ご感想もホームページより受け付けておりますので、お気軽にお問い合わせください。

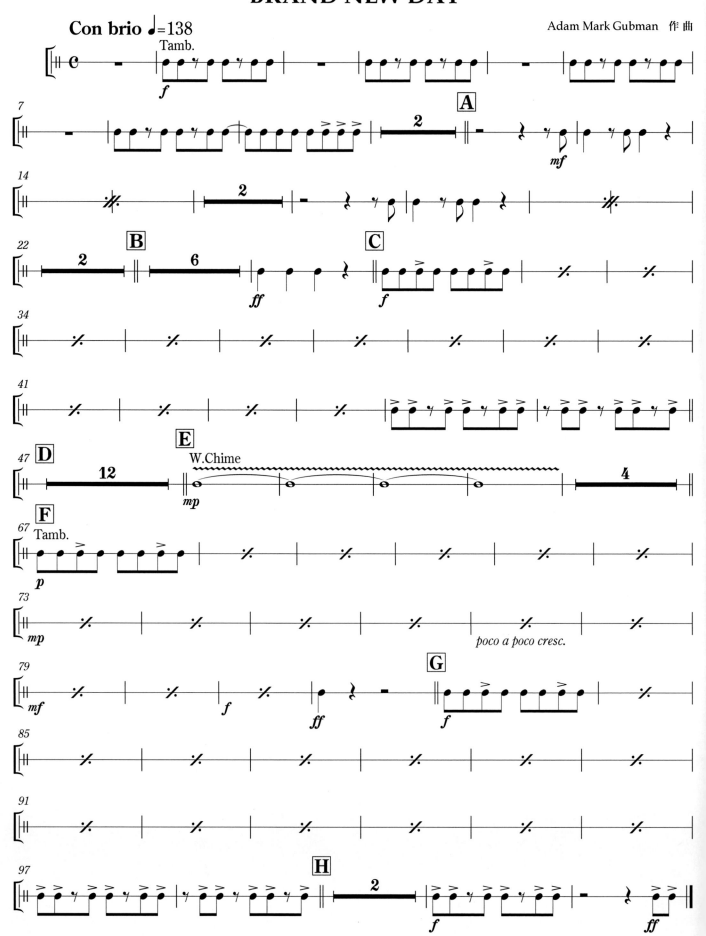

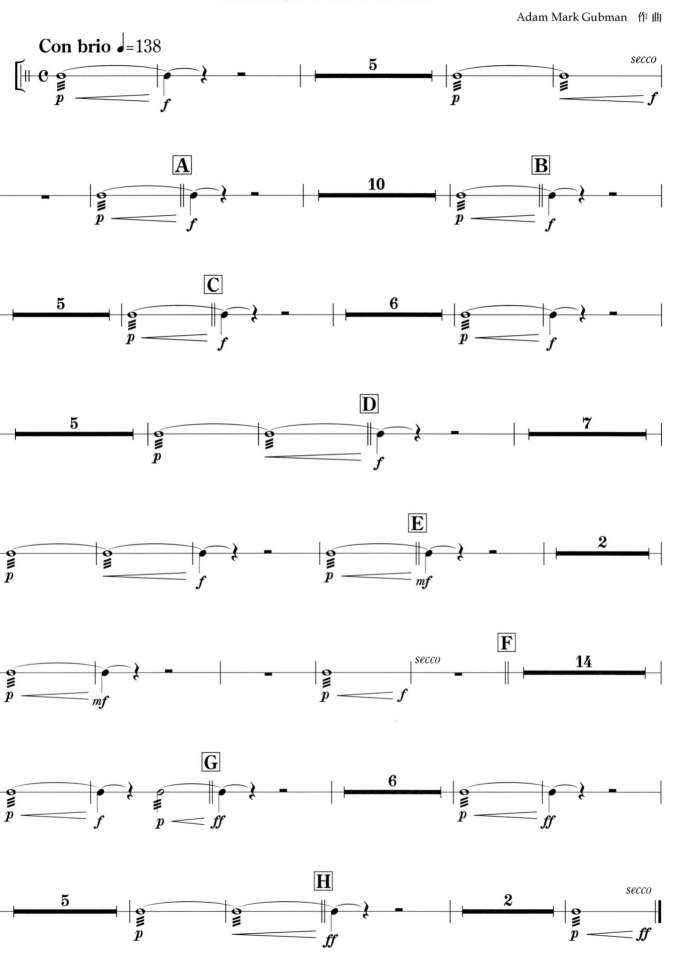

# Timpani

東京ディズニーリゾート35周年 "Happiest Celebration!" テーマソング
# BRAND NEW DAY

Adam Mark Gubman　作曲

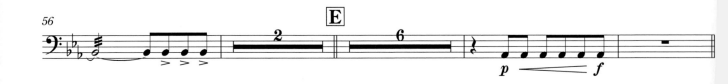

# BRAND NEW DAY

String Bass

東京ディズニーリゾート35周年 "Happiest Celebration!" テーマソング

Adam Mark Gubman 作曲

Tuba

東京ディズニーリゾート35周年 "Happiest Celebration!" テーマソング
# BRAND NEW DAY

Adam Mark Gubman　作曲

# BRAND NEW DAY

東京ディズニーリゾート35周年 "Happiest Celebration!" テーマソング

Adam Mark Gubman 作曲

# BRAND NEW DAY

Trombone 3

東京ディズニーリゾート35周年 "Happiest Celebration!" テーマソング

Adam Mark Gubman 作曲

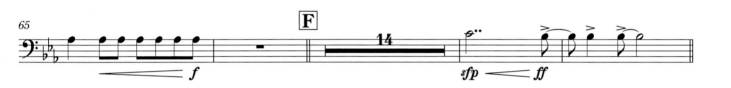

Trombone 2

東京ディズニーリゾート35周年 "Happiest Celebration!" テーマソング
# BRAND NEW DAY

Adam Mark Gubman 作曲

Trombone 1

東京ディズニーリゾート35周年 "Happiest Celebration!" テーマソング
# BRAND NEW DAY

Adam Mark Gubman 作曲

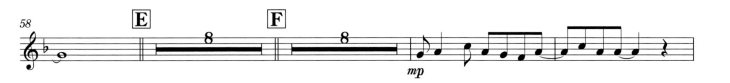

B♭ Trumpet 3

東京ディズニーリゾート35周年 "Happiest Celebration!" テーマソング

# BRAND NEW DAY

Adam Mark Gubman 作曲

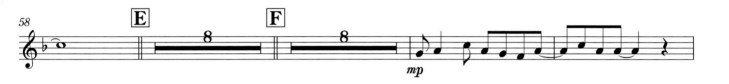

# BRAND NEW DAY

東京ディズニーリゾート35周年 "Happiest Celebration!" テーマソング

B♭ Trumpet 2

Adam Mark Gubman 作曲

B♭ Trumpet 1

東京ディズニーリゾート35周年 "Happiest Celebration!" テーマソング
# BRAND NEW DAY

Adam Mark Gubman 作曲

# Baritone Saxophone

東京ディズニーリゾート35周年 "Happiest Celebration!" テーマソング
# BRAND NEW DAY

Adam Mark Gubman 作曲

Tenor Saxophone

東京ディズニーリゾート35周年 "Happiest Celebration!" テーマソング
# BRAND NEW DAY

Adam Mark Gubman　作曲

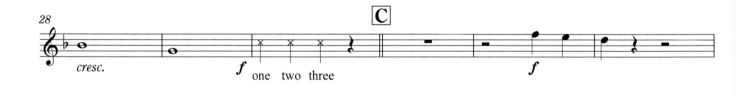

Alto Saxophone 2

東京ディズニーリゾート35周年 "Happiest Celebration!" テーマソング
# BRAND NEW DAY

Adam Mark Gubman 作曲

Alto Saxophone 1

東京ディズニーリゾート35周年 "Happiest Celebration!" テーマソング
# BRAND NEW DAY

Adam Mark Gubman　作曲

Bass Clarinet

東京ディズニーリゾート35周年 "Happiest Celebration!" テーマソング
# BRAND NEW DAY

Adam Mark Gubman 作曲

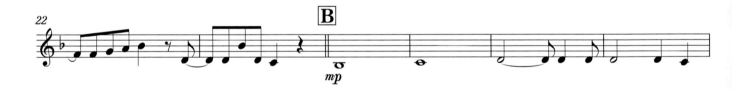

# MEMO

E♭ Clarinet

東京ディズニーリゾート35周年 "Happiest Celebration!" テーマソング
# BRAND NEW DAY

Adam Mark Gubman 作曲

Bassoon

東京ディズニーリゾート35周年 "Happiest Celebration!" テーマソング
# BRAND NEW DAY

Adam Mark Gubman 作曲

Oboe

東京ディズニーリゾート35周年 "Happiest Celebration!" テーマソング
# BRAND NEW DAY

Adam Mark Gubman　作曲

# BRAND NEW DAY

Piccolo

東京ディズニーリゾート35周年 "Happiest Celebration!" テーマソング

Adam Mark Gubman 作曲